十看不如一讀이요.
(열 번 눈으로 보기만 하는 것은 한 번 소리 내어 읽는 것만 못하고)

十讀不如一書이다.
(열 번 소리 내어 읽는 것은 한 번 정성들여 쓰는 것만 못하다)

머리말

본서는 우리 국어의 70% 이상을 차지하는 한자어를 이해하고 효과적으로 활용하는 데 그 목적이 있다. 이를 위해 먼저 그 한자가 지니고 있는 특성을 바탕으로 하는 훈(訓: 뜻)과 음(音: 소리)을 익히고, 각 글자에 대한 짜임과 순서를 정확히 아는 것이 궁극적인 목적이다.

따라 쓰기의 연습 과정에서 가장 중요한 것은 바른 서체를 잘 선택하고, 획순을 보지 않고서도 쓸 수 있을 때까지 한 자 한 자 열심히 써 보는 것이다.

처음에는 많은 글씨를 빨리 쓰기보다는 정성 들여 써 보는 것이 가장 효과적이다.

본서는 급수 한자 1,000字를 각 급수별(8급-4급)로 분류하여 학습자가 올바르게 쓰는데 주안점을 두었다. 특히 이 교재는 각종 단체에서 실시하는 한자 급수 시험에 대비하기 위한 준비 교재로 활용하도록 만들었다.

상권에서는 모두 500字를 익히게 하여 8급에서 5급 급수 시험에, **하권**에서도 모두 500字를 익히게 하여 준4급에서 4급 급수 시험에, 상권, 하권을 합해 1,000字를 학습할 수 있도록 하였다. 학습 방법으로는 아래와 같이 하였다.

- 각 급수별 한자(漢字)를 잘 살피고 훈(訓: 뜻)과 음(音: 소리)을 익힌다.
- 획순(劃順)을 살펴본 다음, 흐리게 된 한자(漢字) 위에 따라 써 본다.
- 공란(空欄)에 한자(漢字)를 획순대로 써 본다.

여러분들의 큰 성과에 기대하며, 감사(感謝)드린다.

弘益敎育 善海 權容璿 (권용선)

목차

- 머리말 —————————————— 2
- 목차 ———————————————— 3
- 동음이의어 한자어 ———————— 4
- 8급(50字) ——————————— 5
- 音(음)이 둘 이상인 漢字(한자) ——— 16
- 7급(100字) ————————————— 17
- 6급(150字) ————————————— 38
- 5급(200字) ————————————— 70

이 책의 특징

- 8급에서 5급까지 획순 익히기 500字 수록
- 8급에서 5급까지 획순 따라 쓰기 500字 수록
- 장음으로만 발음되는 한자(漢字) :
  -장음과 단음이 단어에 따라 다른 것은 (:) 표시
- 한국어문회 기준 각 급수별로 분류

同音異議語 漢字語 (동음이의어 한자어)
소리는 같으나 뜻이 서로 다른 한자어

가구(家口) : 집안 식구
가구(家具) : 집안 살림에 쓰는 기구

개화(開花) : 풀이나 나무의 꽃이 핌
개화(開化) : 사람의 지혜가 열려 새롭게 됨

고가(高價) : 물건 값이 비싼 가격
고가(古家) : 지은 지 오래 된 집

고대(古代) : 옛 시대, 아주 오래된 옛날
고대(苦待) : 몹시 애타게 기다림

고전(古典) : 옛날의 서적이나 좋은 작품
고전(苦戰) : 운동, 전쟁, 몹시 힘들고 어렵게 싸움

고지(告知) : 게시나 글을 토해서 알림
고지(高地) : 평지보다 높은 땅

과실(果實) : 과일 나무의 먹을 수 있는 열매
과실(過失) : 잘못이나 허물

교우(校友) : 같은 학교를 다니는 벗
교우(敎友) : 같은 종교를 믿는 벗

국가(國家) : 영토와 통치조직을 가진 나라
국가(國歌) : 나라를 상징하는 노래 애국가

단신(短身) : 키가 작음
단신(短信) : 짧게 전하는 뉴스

대가(代價) : 일을 하고 받는 돈
대가(大家) : 전문분야에서 뛰어난 사람

도장(道場) : 무예를 닦는 곳
도장(圖章) : 이름을 나무나 뿔에 새긴 물건

독자(獨子) : 외아들
독자(讀者) : 책이나 신문 등을 읽는 사람

동문(同門) : 같은 학교를 다니던 사람
동문(東門) : 동쪽에 있는 문

동창(同窓) : 같은 학교에서 공부한 사람
동창(東窓) : 동쪽으로 난 창문

동화(童話) : 어린이를 위하여 지은 이야기
동화(同化) : 성질이 다르던 것이 같게 됨

병사(病死) : 병으로 죽음
병사(兵士) : 군인 군사

산지(山地) : 들이 적고 산이 많은 지대
산지(産地) : 생산되어 나오는 곳

상품(商品) : 사고파는 물건
상품(上品) : 질이 좋은 물품

수기(手記) : 자기의 생활이나 체험을 직접 씀
수기(手旗) : 손에 드는 작은 기

수중(水中) : 물속 물 가운데
수중(手中) : 손의 안

시가(市價) : 시장에서 상품이 매매되는 가격
시가(時價) : 일정한 시기의 물건 값

식수(植樹) : 나무를 심음
식수(食水) : 먹는 물

일기(日記) : 그날그날 적는 개인의 기록
일기(日氣) : 날씨

자신(自身) : 자기 또는 자기의 몸
자신(自信) : 해낼 수 있다고 스스로 믿음

입장(入場) : 어떤 장소에 들어감
입장(立場) : 당면하고 있는 상황

전신(全身) : 온몸
전신(電信) : 전파나 전료로 보내는 통신

전후(前後) : 앞과 뒤
전후(戰後) : 전쟁이 끝난 후

청천(靑天) : 푸른 하늘
청천(淸川) : 맑은 물이 흐르는 강

휴전(休電) : 전기 공급을 일시적으로 중단
휴전(休戰) : 전쟁을 얼마동안 멈춤

급수한자 **8급** 50자

목차 (페이지)	해당 한자	선생님 확인	목차 (페이지)	해당 한자	선생님 확인
1회 (6)	日 月 火 水 木 일 월 화 수 목		6회 (11)	父 母 兄 弟 寸 부 모 형 제 촌	
2회 (7)	金 土 中 小 山 금 토 중 소 산		7회 (12)	女 人 長 年 門 여 인 장 년 문	
3회 (8)	一 二 三 四 五 일 이 삼 사 오		8회 (13)	先 生 青 白 軍 선 생 청 백 군	
4회 (9)	六 七 八 九 十 육 칠 팔 구 십		9회 (14)	學 校 敎 室 萬 학 교 교 실 만	
5회 (10)	東 西 南 北 外 동 서 남 북 외		10회 (15)	大 韓 民 國 王 대 한 민 국 왕	

*참고 : '확인'란은 선생님, 학부모님께서 체크해 주시면 됩니다.

날/해 일

달 월

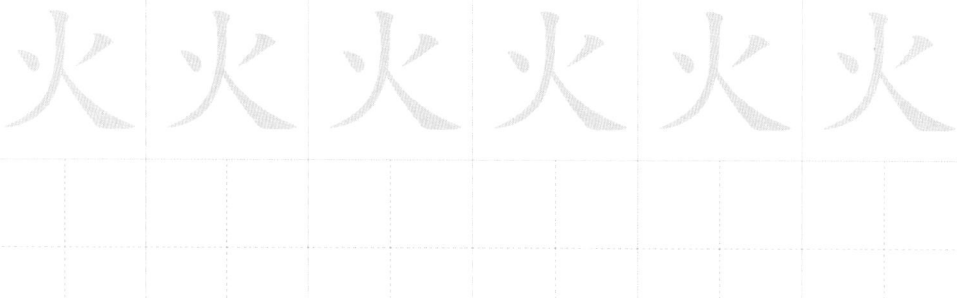
불 화(:)

물 수

나무 목

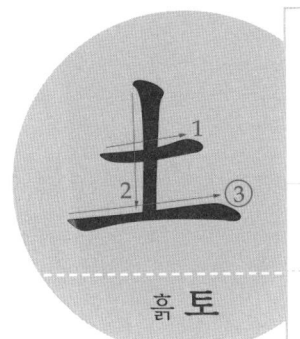

급수한자 8급 (3회)

一	한/하나 일
二	두 이:
三	석 삼
四	넉 사:
五	다섯 오:

(4회)

여섯 륙(육)

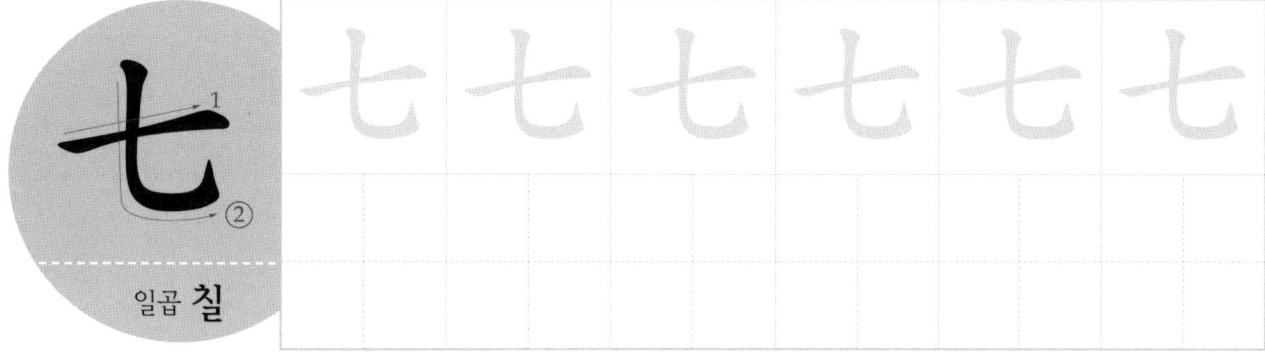

일곱 칠

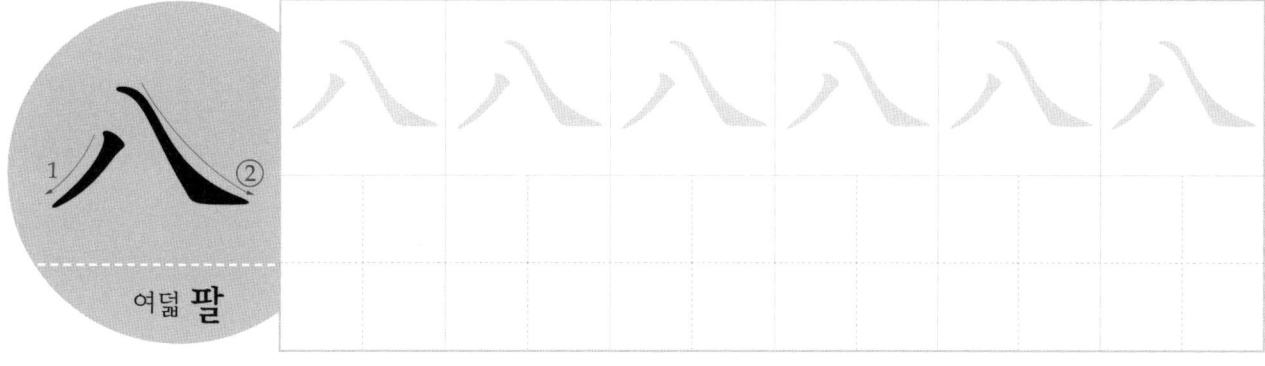

여덟 팔

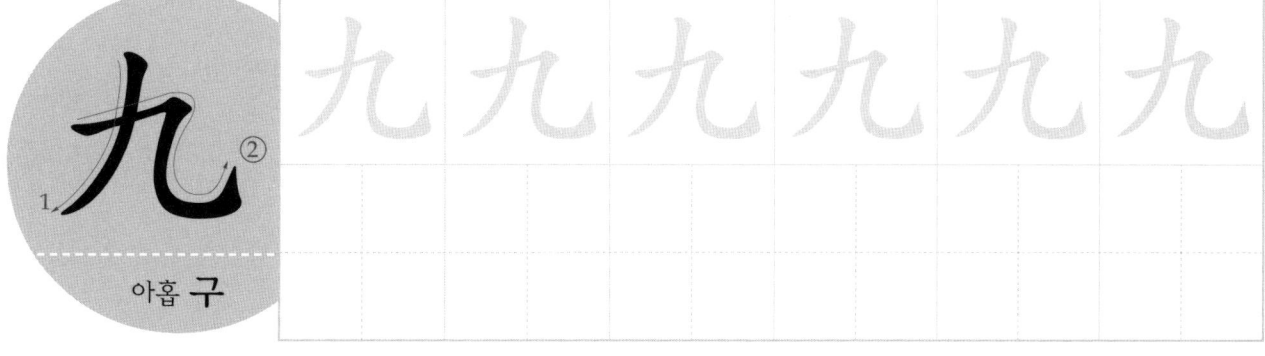

아홉 구

열 십

(5회)

동녘 **동**

서녘 **서**

남녘 **남**

북녘 **북**/달아날 **배**

바깥 **외:**

아비/아버지 부

어미/어머니 모:

형/맏 형

아우 제:

마디/촌수 촌:

(7회)

계집/여자 녀(여)

사람 인

긴/어른/우두머리 장(:)

해 년(연)

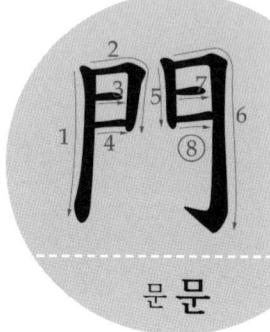
문 문

(8회)

먼저/앞 **선**

先 先 先 先 先 先

날/살/선비 **생**

生 生 生 生 生 生

푸를 **청**

青 青 青 青 青 青

흰/아뢸 **백**

白 白 白 白 白 白

군사 **군**

軍 軍 軍 軍 軍 軍

 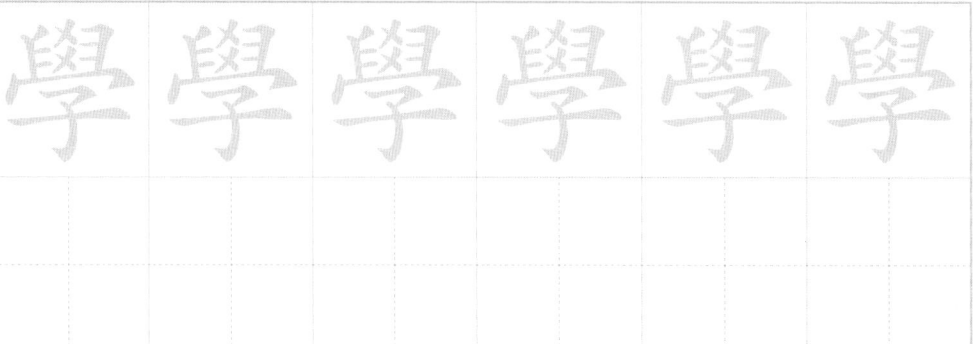
배울 학

학교 교:

가르칠 교:

집 실

일만 만:

큰 대(:)

한국/나라 한(:)

백성 민

나라 국

임금 왕

音(음)이 둘 이상인 漢字(한자)

車(수레 차) : 車道(차도) 汽車(기차) 電車(전차) 馬車(마차)
車(수레 거) : 自轉車(자전거) 停車場(정거장) 人力車(인력거) 車馬費(거마비)

金(쇠 금) : 金賞(금상) 金品(금품) 金庫(금고) 金額(금액)
金(성 김) : 姓(성)으로 쓸 때는 '김'으로 읽는다. 金氏(김씨)

樂(즐길 락) : 樂園(낙원) 苦樂(고락) 極樂(극락) 娛樂(오락)
樂(노래 악) : 樂器(악기) 樂團(악단) 樂譜(악보) 樂士(악사)
樂(좋아할 요) : 樂山樂水(요산요수) - 산을 좋아하고 물을 좋아한다는 뜻

北(북녘 북) : 北韓(북한) 北部(북부) 北上(북상) 南北(남북)
北(달아날 패) : 敗北(패배)

不(아닐 불) : 不便(불편) 不滅(불멸) 不惑(불혹) 不均衡(불균형)
不(아닐 부) : 不動(부동) 不振(부진) 不正(부정) 不凍液(부동액)
*不(불)이 'ㄷ, ㅈ' 앞에 올 때에는 '부'로 읽는다.

度(법도 도) : 角度(각도) 強度(강도) 年度(연도) 密度(밀도)
度(헤아릴 탁) : 度地(탁지) 度支部(탁지부)

六(여섯 륙) : 六十(육십) 六書(육서) 六面體(육면체)
六(여섯 유) : 六月(유월)
六(여섯 뉴) : 五六月(오뉴월)
*六이 '六月'로 사용될 때에는 '유'로 읽는다.
*六이 '五六月'로 사용될 때에는 '뉴'로 읽는다.

省(살필 성) : 反省(반성) 歸省(귀성) 省察(성찰) 自省(자성)
省(덜 생) : 省略(생략)

切(끊을 절) : 切望(절망) 切實(절실) 親切(친절) 懇切(간절)
切(온통 체) : 一切(일체)

十(열 십) : 十年(십년) 十字架(십자가) 十中八九(십중팔구)
十(열 시) : 十月(시월) 九十月(구시월)
*十이 '十月'로 사용될 때에는 '시'로 읽는다.

便(편할 편) : 便利(편리) 便安(편안) 不便(불편) 便紙(편지)
便(똥오줌 변) : 便所(변소) 小便(소변) 用便(용변) 大便(대변)

行(다닐 행) : 行動(행동) 行事(행사) 行實(행실) 行爲(행위)
行(항렬 항) : 行列(항렬)

畫(그림 화) : 畫家(화가) 畫室(화실) 壁畫(벽화) 漫畫(만화)
畫(그을 획) : 畫順(획순)

급수한자 7급 100자

목차(페이지)	해당 한자	선생님 확인	목차(페이지)	해당 한자	선생님 확인
1회 (18)	天地自然川 천 지 자 연 천		11회 (28)	文字漢語登 문 자 한 어 등	
2회 (19)	上下出入內 상 하 출 입 내		12회 (29)	工夫問答記 공 부 문 답 기	
3회 (20)	左右前後方 좌 우 전 후 방		13회 (30)	午時夕來每 오 시 석 래 매	
4회 (21)	手足面口力 수 족 면 구 력		14회 (31)	安全活動休 안 전 활 동 휴	
5회 (22)	男子老少命 남 자 노 소 명		15회 (32)	便紙孝道祖 편 지 효 도 조	
6회 (23)	主食家事育 주 식 가 사 육		16회 (33)	江海心色同 강 해 심 색 동	
7회 (24)	正直不平有 정 직 불 평 유		17회 (34)	立場歌話重 립 장 가 화 중	
8회 (25)	姓名住所市 성 명 주 소 시		18회 (35)	春夏秋冬空 춘 하 추 동 공	
9회 (26)	世間電氣車 세 간 전 기 차		19회 (36)	植物花草林 식 물 화 초 림	
10회 (27)	百千算數旗 백 천 산 수 기		20회 (37)	農村洞里邑 농 촌 동 리 읍	

*참고 : '확인'란은 선생님, 학부모님께서 체크해 주시면 됩니다.

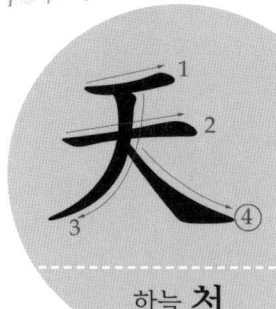
하늘 천

따/땅 지

스스로 자

그럴 연

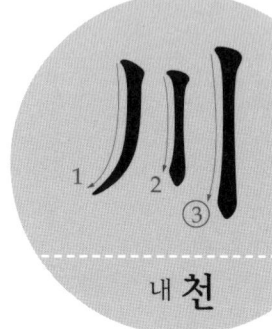
내 천

왼 좌:

오를/오른(쪽) 우:

앞 전

뒤 후:

모/곳 방

(4회)

손/전문가 수(:)

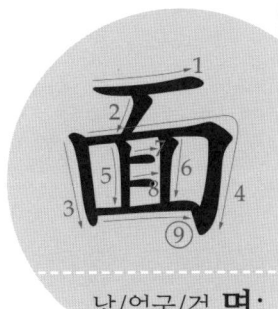
발/채울 족

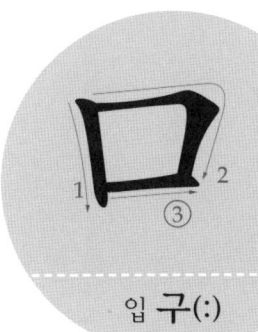
낯/얼굴/겉 면:

口
입 구(:)

힘 력(역)

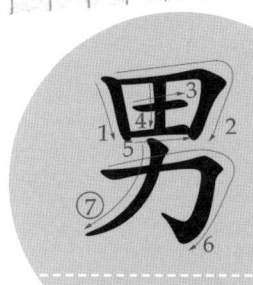

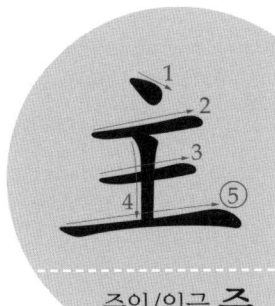

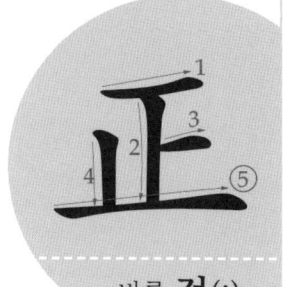
바를 정(:)

곧을 직

아닐 불/부

평평할 평

있을 유:

(8회)

성 성:

이름 명

살 주:

바/곳/장소 소:

저자/시장 시:

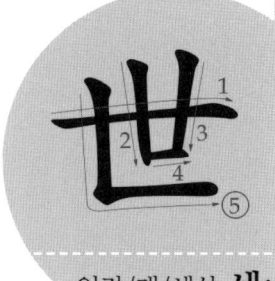 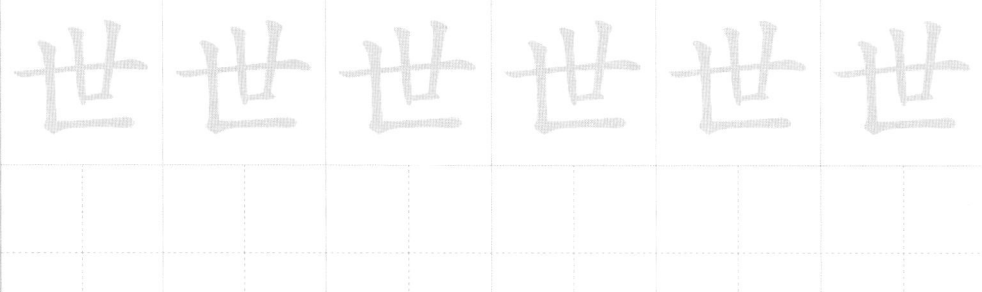

인간/대/세상 세:

 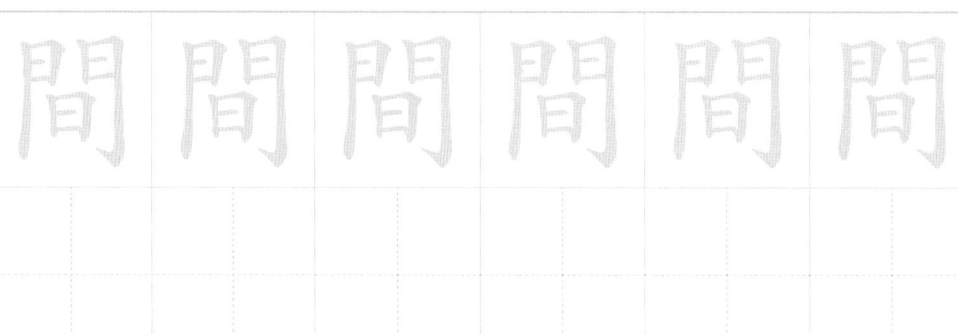

사이 간(:)

 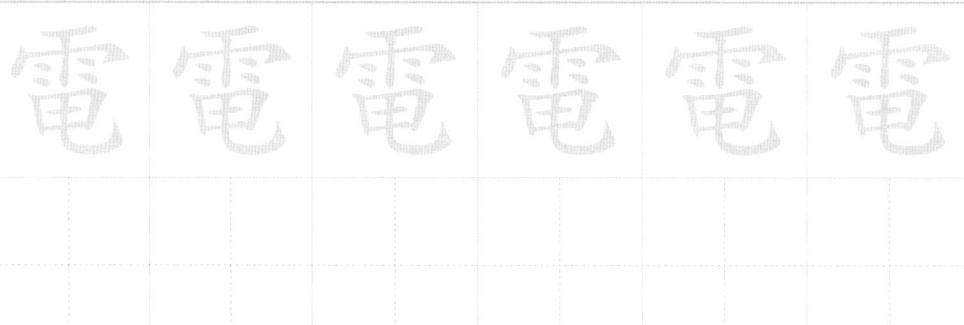

번개/전기 전:

기운 기

 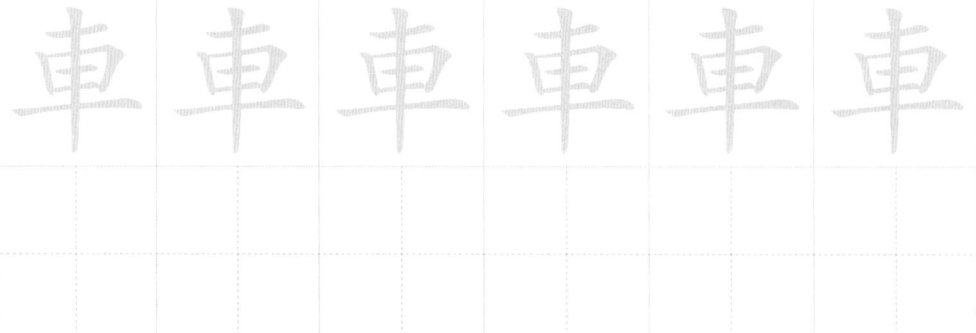

수레 거/차

(10회)

일백 **백**

일천 **천**

셈/셈할 **산**:

셈 **수**:

기 **기**

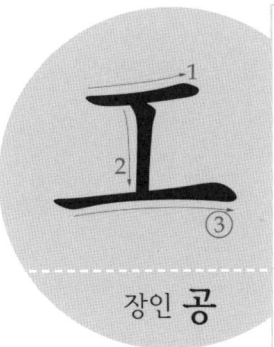 
장인 **공**

 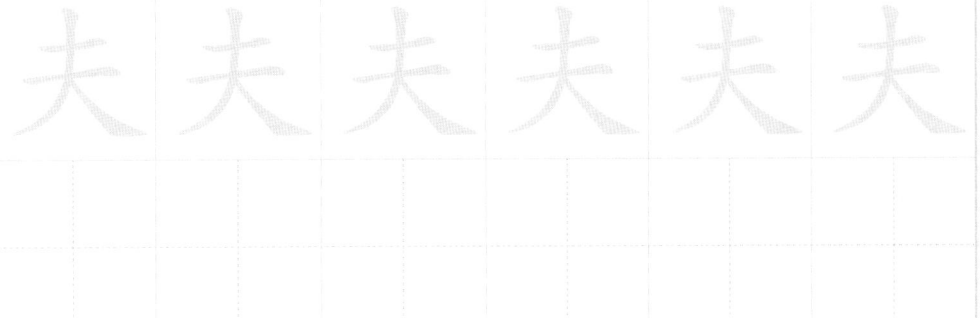
지아비/사내 **부**

물을 **문:**

대답 **답**

기록할/적을 **기**

(13회)

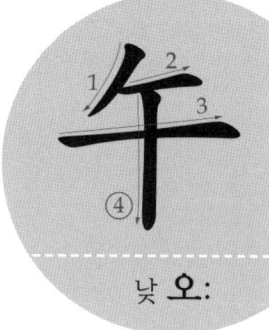
낮 오:

午 午 午 午 午 午

때 시

時 時 時 時 時 時

저녁 석

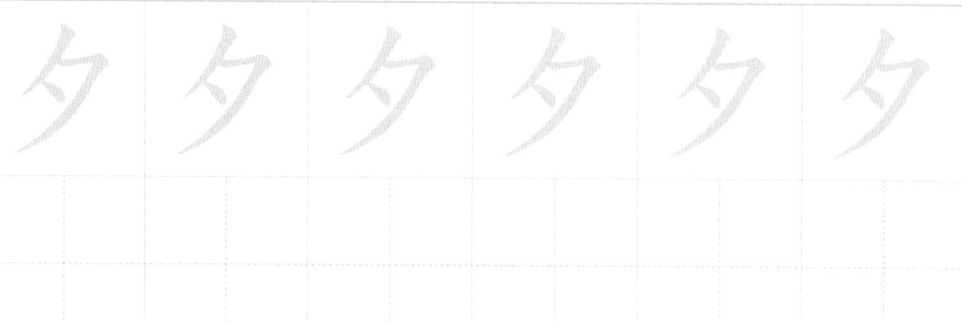

올 래(내)(:)

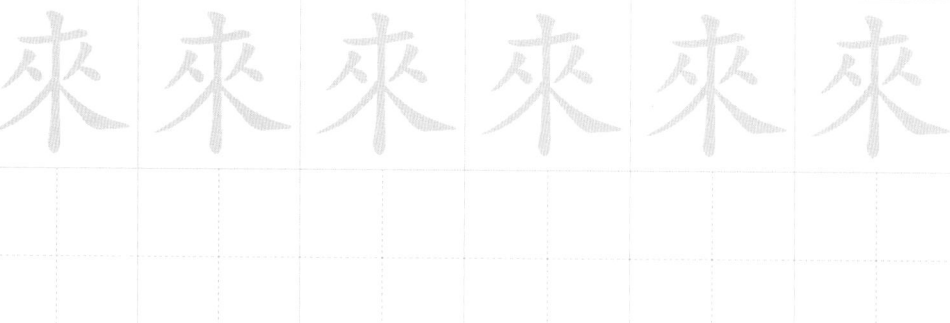

매양/늘 매(:)

每 每 每 每 每 每

(14회)

편안 **안**

安 安 安 安 安 安

온전/모두 **전**

全 全 全 全 全 全

살 **활**

活 活 活 活 活 活

움직일 **동:**

動 動 動 動 動 動

쉴 **휴**

休 休 休 休 休 休

(15회)

편할 편(:)/똥오줌 변

종이 지

효도 효:

길 도:

할아비/조상 조

(16회)

강 강

바다 해:

마음/가운데 심

빛 색

한가지 동

(17회)

설 립(입)

 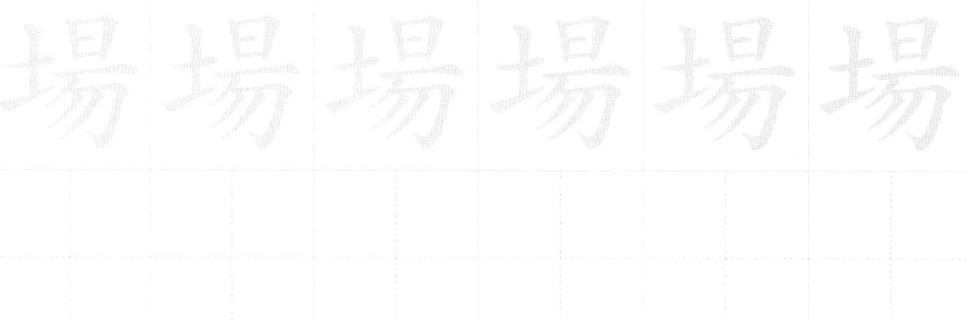

마당/장소/시장 장

노래 가

말씀/말할 화

무거울 중:

(18회)

봄 춘

여름 하:

가을 추

겨울 동(:)

空
빌/헛될 공

심을 **식**

물건/만물 **물**

꽃/빛날 **화**

풀 **초**

수풀 **림(임)**

(20회)

농사 **농**

마을/시골 **촌:**

골 **동:** /밝을 **통:**

마을 **리(이):**

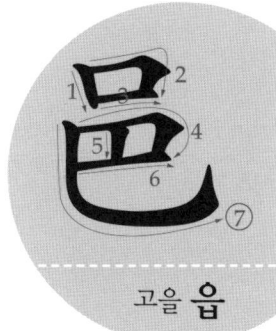

고을 **읍**

목차 (페이지)	해당 한자	선생님 확인	목차 (페이지)	해당 한자	선생님 확인
1회 (40)	各 角 感 強 開 각 각 감 강 개		11회 (50)	美 朴 班 反 半 미 박 반 반 반	
2회 (41)	京 計 界 高 苦 경 계 계 고 고		12회 (51)	發 放 番 別 病 발 방 번 별 병	
3회 (42)	古 功 公 共 科 고 공 공 공 과		13회 (52)	服 本 部 分 社 복 본 부 분 사	
4회 (43)	果 光 交 球 區 과 광 교 구 구		14회 (53)	死 使 書 石 席 사 사 서 석 석	
5회 (44)	郡 近 根 今 級 군 근 근 금 급		15회 (54)	線 雪 省 成 消 선 설 성 성 소	
6회 (45)	急 多 短 堂 待 급 다 단 당 대		16회 (55)	速 孫 樹 術 習 속 손 수 술 습	
7회 (46)	代 對 圖 度 讀 대 대 도 도 독		17회 (56)	勝 始 式 神 身 승 시 식 신 신	
8회 (47)	童 頭 等 樂 路 동 두 등 락 로		18회 (57)	信 新 失 愛 野 신 신 실 애 야	
9회 (48)	綠 例 禮 李 利 록 례 례 리 리		19회 (58)	夜 藥 弱 陽 洋 야 약 약 양 양	
10회 (49)	理 明 目 聞 米 리 명 목 문 미		20회 (59)	言 業 永 英 溫 언 업 영 영 온	

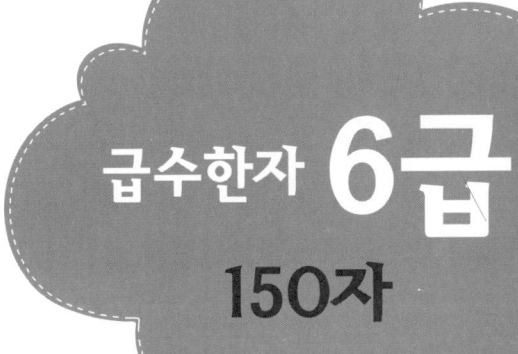

급수한자 **6급** 150자

목차 (페이지)	해당 한자	선생님 확인	목차 (페이지)	해당 한자	선생님 확인
21회 (60)	勇 用 運 園 遠 용 용 운 원 원		26회 (65)	族 畫 注 集 窓 족 주 주 집 창	
22회 (61)	油 由 銀 飮 音 유 유 은 음 음		27회 (66)	淸 體 親 太 通 청 체 친 태 통	
23회 (62)	意 衣 醫 者 昨 의 의 의 자 작		28회 (67)	特 表 風 合 行 특 표 풍 합 행	
24회 (63)	作 章 在 才 戰 작 장 재 재 전		29회 (68)	幸 向 現 形 號 행 향 현 형 호	
25회 (64)	庭 定 題 第 朝 정 정 제 제 조		30회 (69)	畵 和 黃 會 訓 화 화 황 회 훈	

*참고 : '확인'란은 선생님, 학부모님께서 체크해 주시면 됩니다.

(1회)

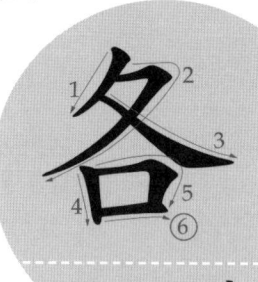
각각/따로 **각**

各 各 各 各 各 各

뿔/모서리 **각**

角 角 角 角 角 角

느낄 **감:**

感 感 感 感 感 感

강할 **강(:)**

强 强 强 强 强 强

※ 强(강)은 強(강)의 俗字(속자). 强(12획) = 強(11획)

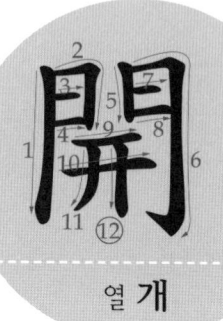
열 **개**

開 開 開 開 開 開

(2회)

서울 경

셀/셈할 계:

지경 계:

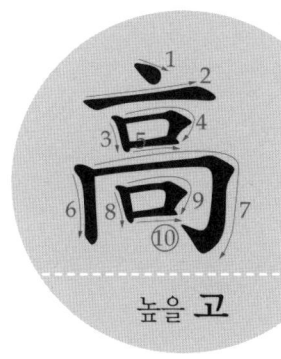
높을 고

쓸(味覺)/괴로울 고

예/옛 고:

공(勳) 공

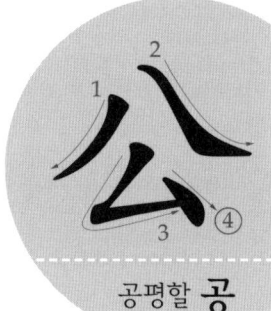
공평할 공

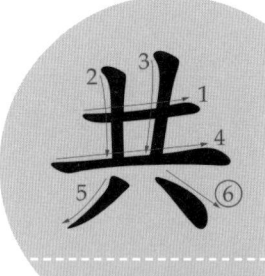
한가지/함께 공:

과목 과

 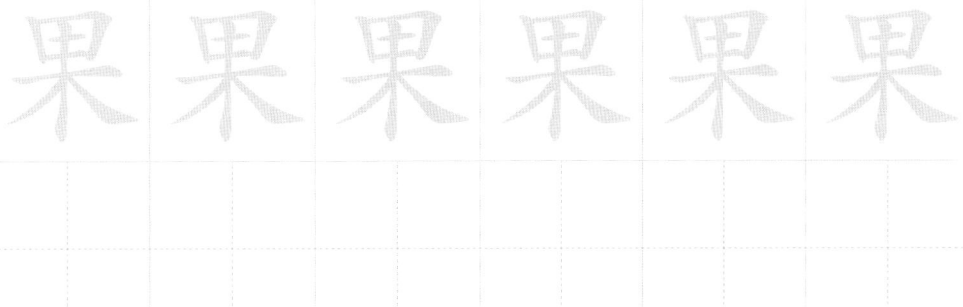

실과/열매 **과**:

 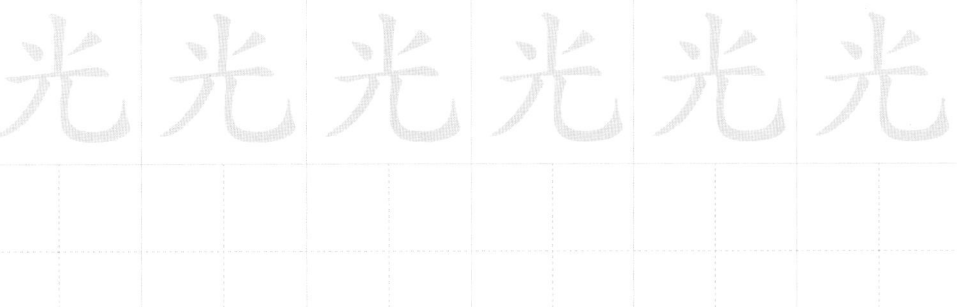

빛 **광**

 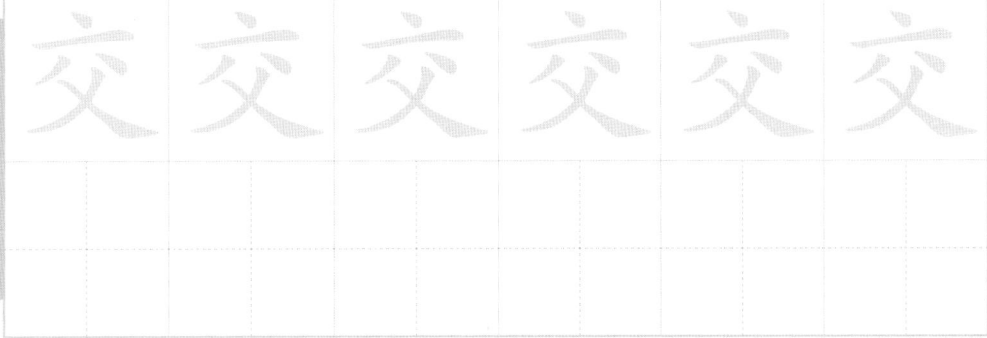

사귈 **교**

 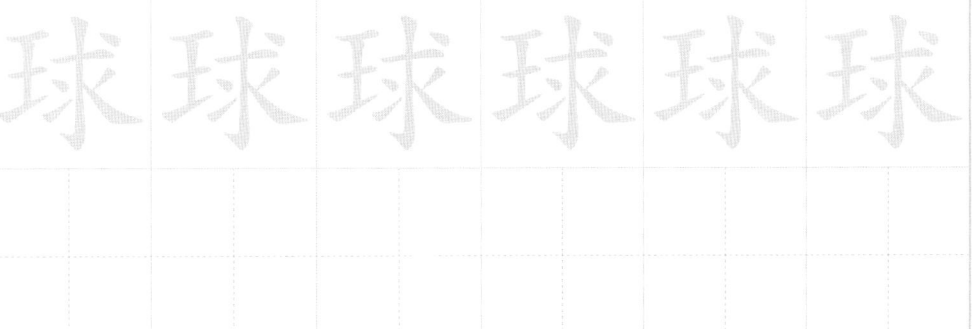

공/옥(玉) **구**

구분할/지역/구역 **구**

(5회)

고을 군:

가까울 근:

뿌리 근

이제 금

등급/차례 급

 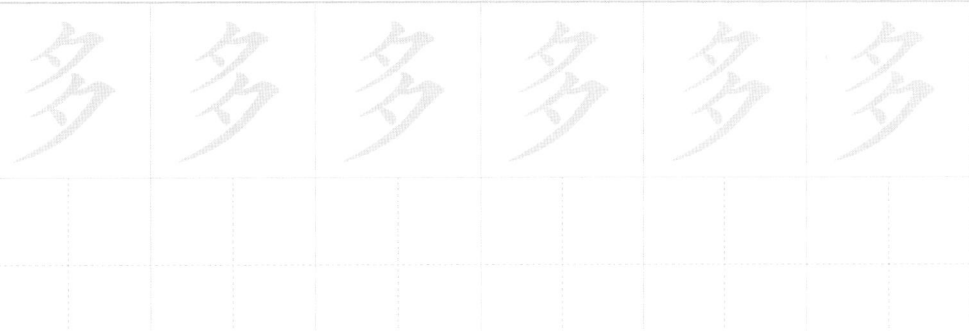

 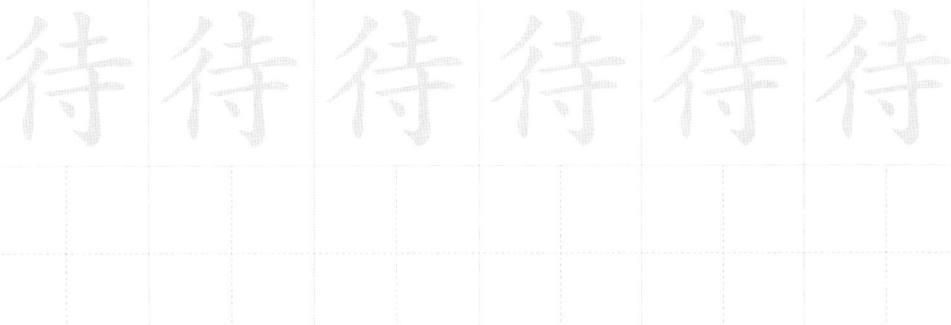

(7회)

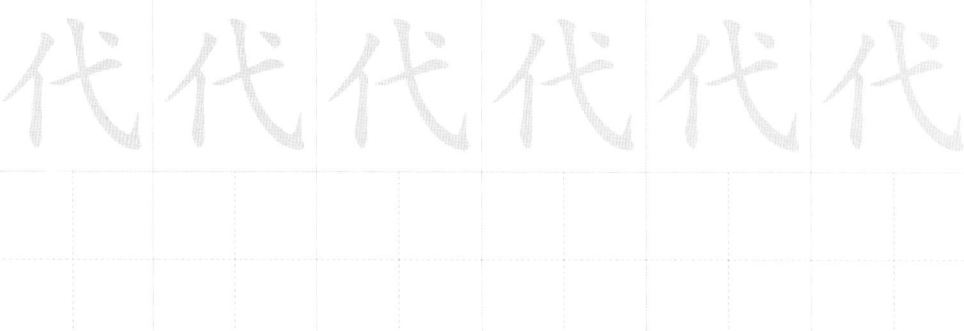

대신 대:

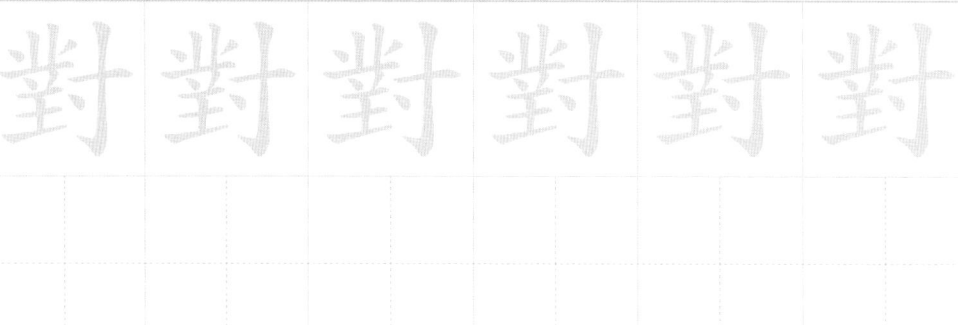

대할/대답할 대:

그림 도

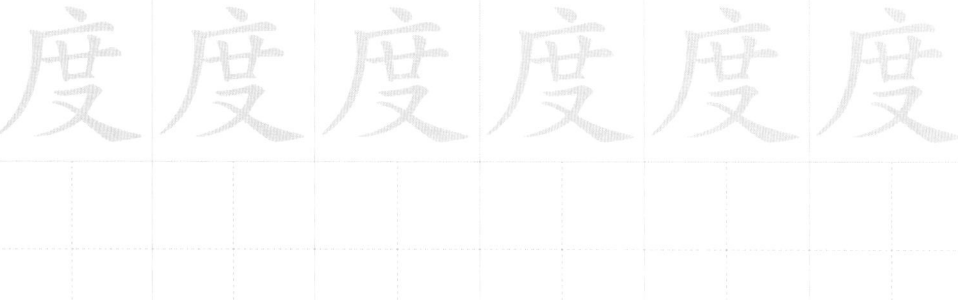

법도 도(:)/헤아릴 탁

읽을 독/구절 두

(8회)

아이 동(:)

머리 두

무리/등급 등:

즐길/노래 락/악

길 로(노):

푸를 록(녹)

법식 례(예):

예도/예절 례(예)

오얏/성(姓) 리(이)

이할/이로울 리(이):

(10회)

다스릴 리(이):

理 理 理 理 理 理

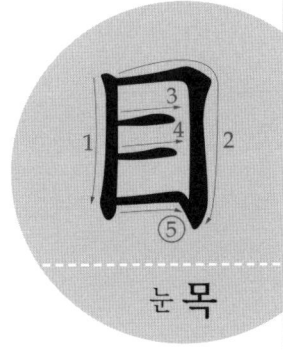
밝을 명

明 明 明 明 明 明

目 目 目 目 目 目
눈 목

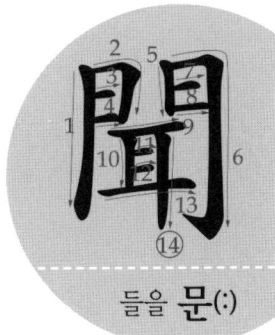
들을 문(:)

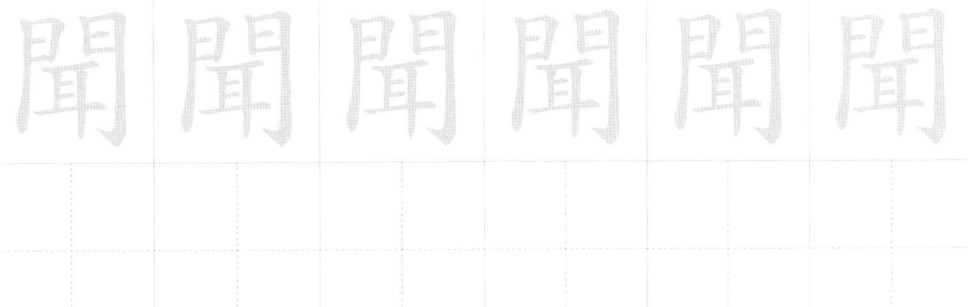
聞 聞 聞 聞 聞 聞

米 米 米 米 米 米

쌀 미

급수한자 **6급**

(11회)

아름다울 **미(:)**

 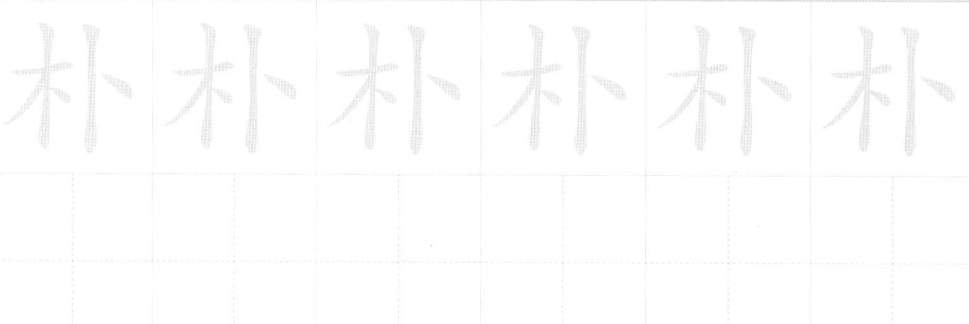

성(姓) **박**

 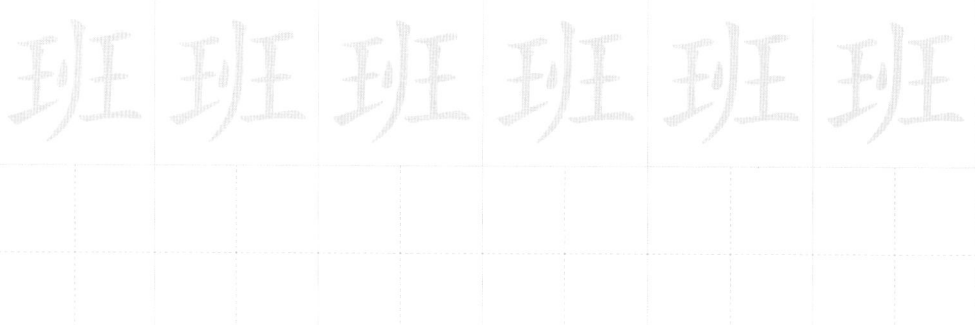

나눌 **반**

돌이킬/돌아올 **반:**

반/절반(折半) **반:**

(12회)

필/쏠/일어날 **발**

놓을 **방**(:)

차례 **번**

다를/나눌 **별**

병/질병 **병**:

(13회)

옷/따를 **복**

근본 **본**

떼/나눌/부분 **부**

나눌 **분(:)**

모일 **사**

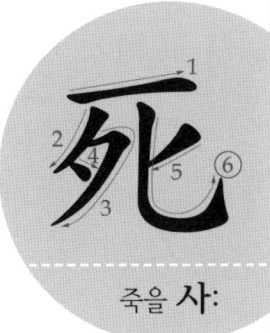
죽을 사:

하여금/부릴 사:

글 서

돌 석

자리 석

 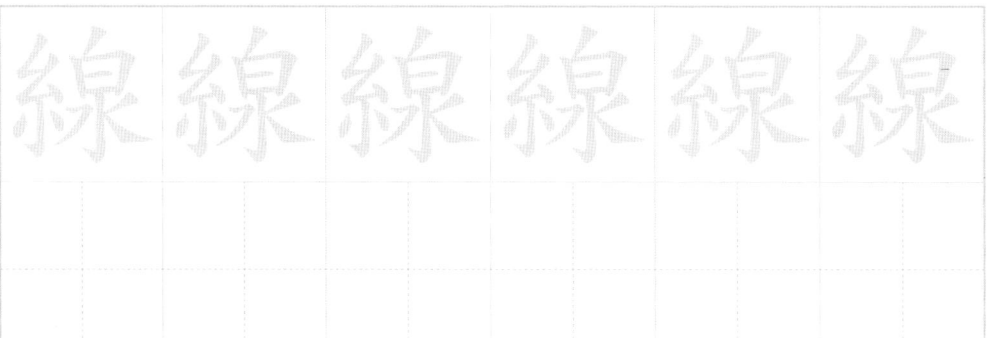

(16회)

빠를 속

손자 손(:)

나무 수

재주 술

익힐 습

급수한자 6급 〈17회〉

이길 승

비로소/처음 시:

법 식

귀신 신

몸 신

믿을 신:

새 신

잃을 실

사랑 애(:)

들(坪) 야:

밤 야:

약 약

약할 약

 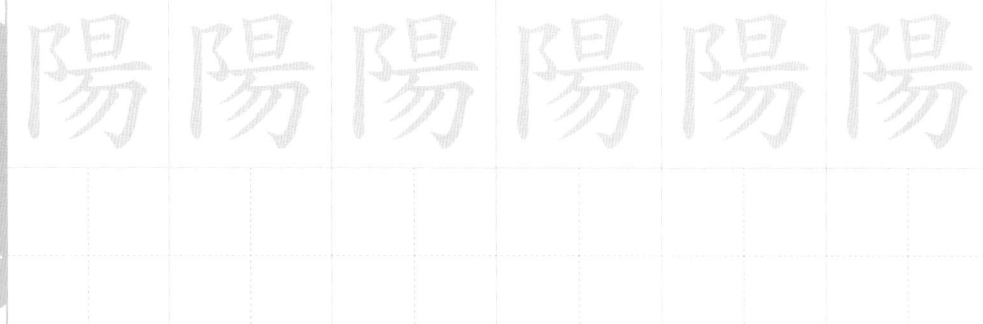

볕 양

 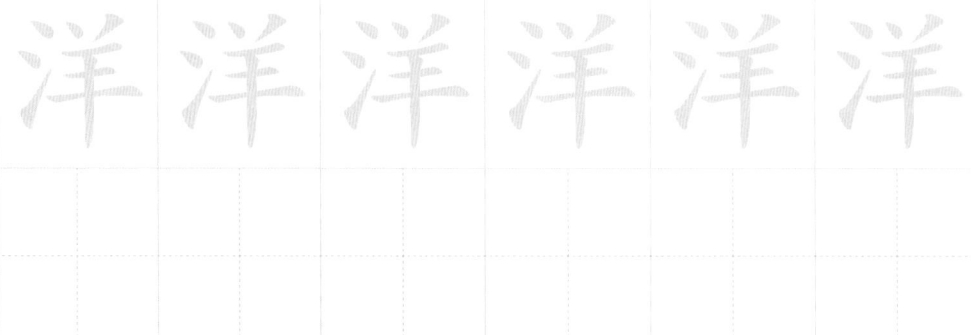

큰 바다 양

(20회)

말씀 언

업 업

길 영:

꽃부리/뛰어날 영

따뜻할 온

날랠/용감할 용:

쓸 용:

옮길/움직일 운:

동산 원

멀 원:

기름 **유**

말미암을/행할 **유**

은 **은**

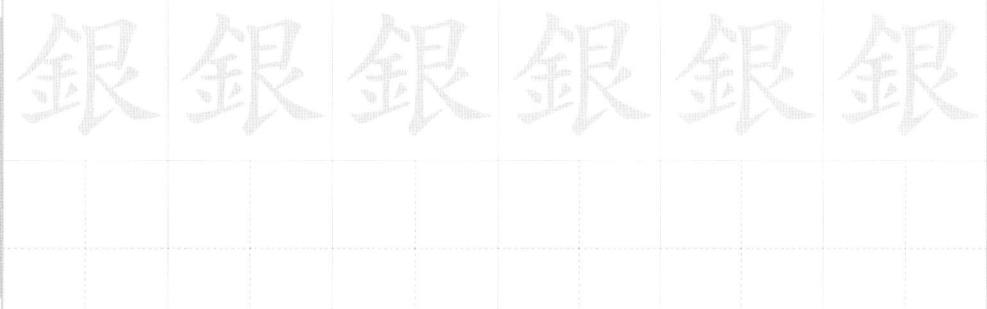
마실 **음**(:)

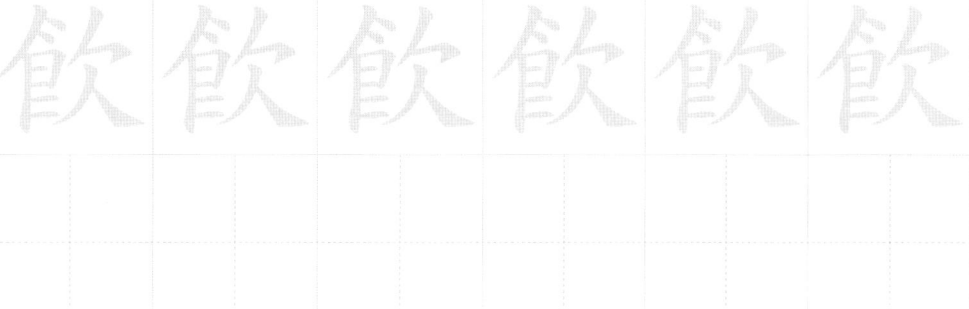
소리 **음**

뜻/생각 의:

옷 의

의원 의

 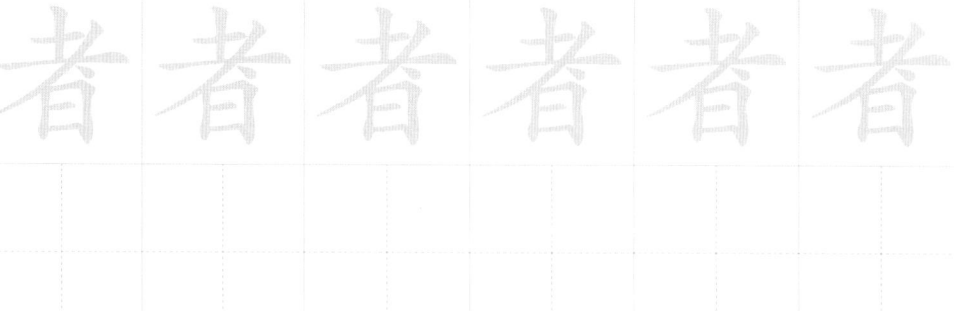
놈/사람 자

어제 작

(24회)

지을 **작**

글 **장**

있을 **재**:

재주 **재**

싸움 **전**:

 뜰 정

 정할 정:

 제목 제

 차례 제:

 아침 조

(26회)

族 겨레 족

晝 낮 주

注 부을/물댈 주:

集 모을 집

窓 창 창

(27회)

맑을 청

몸 체

친할 친

클 태

통할 통

(28회)

특별할 특

表
겉/거죽/나타낼 표

바람 풍

합할 합

다닐/행할/갈 행(:)
항렬 항

다행/행복 행:

향할 향:

나타날 현:

모양/형상 형

이름/부르짖을 호(:)

(30회)

그림 화: 그을 획(劃)

※ 畵(화)는 畫(화)의 俗字(속자)

화할/화목할 화

누를 황

모일 회:

가르칠 훈:

목차(페이지)	해당 한자	선생님 확인	목차(페이지)	해당 한자	선생님 확인
1회 (72)	價가 加가 可가 改개 客객		11회 (82)	到도 獨독 落락 朗랑 冷랭	
2회 (73)	去거 擧거 健건 件건 建건		12회 (83)	良량 量량 旅려 歷력 練련	
3회 (74)	格격 見견 決결 結결 輕경		13회 (84)	領령 令령 勞로 料료 類류	
4회 (75)	敬경 競경 景경 告고 固고		14회 (85)	流류 陸륙 馬마 末말 亡망	
5회 (76)	考고 曲곡 課과 過과 關관		15회 (86)	望망 買매 賣매 無무 倍배	
6회 (77)	觀관 廣광 橋교 具구 救구		16회 (87)	法법 變변 兵병 福복 奉봉	
7회 (78)	舊구 局국 貴귀 規규 給급		17회 (88)	費비 比비 鼻비 氷빙 寫사	
8회 (79)	汽기 期기 己기 技기 基기		18회 (89)	査사 史사 思사 士사 仕사	
9회 (80)	吉길 念념 能능 壇단 團단		19회 (90)	産산 賞상 相상 商상 序서	
10회 (81)	談담 當당 德덕 都도 島도		20회 (91)	選선 鮮선 船선 仙선 善선	

급수한자 5급 200자

목차 (페이지)	해당 한자	선생님 확인	목차 (페이지)	해당 한자	선생님 확인
21회 (92)	說 性 洗 歲 束 설 성 세 세 속		31회 (102)	典 傳 展 切 節 전 전 전 절 절	
22회 (93)	首 宿 順 示 識 수 숙 순 시 식		32회 (103)	店 情 停 操 調 점 정 정 조 조	
23회 (94)	臣 實 兒 惡 案 신 실 아 악 안		33회 (104)	卒 終 種 罪 週 졸 종 종 죄 주	
24회 (95)	約 養 魚 漁 億 약 양 어 어 억		34회 (105)	州 止 知 質 着 주 지 지 질 착	
25회 (96)	熱 葉 屋 完 曜 열 엽 옥 완 요		35회 (106)	參 唱 責 鐵 初 참 창 책 철 초	
26회 (97)	要 浴 友 雨 牛 요 욕 우 우 우		36회 (107)	最 祝 充 致 則 최 축 충 치 칙	
27회 (98)	雲 雄 院 原 願 운 웅 원 원 원		37회 (108)	他 打 卓 炭 宅 타 타 탁 탄 택	
28회 (99)	元 位 偉 耳 以 원 위 위 이 이		38회 (109)	板 敗 品 必 筆 판 패 품 필 필	
29회 (100)	因 任 災 再 材 인 임 재 재 재		39회 (110)	河 寒 害 許 湖 하 한 해 허 호	
30회 (101)	財 爭 貯 的 赤 재 쟁 저 적 적		40회 (111)	化 患 效 凶 黑 화 환 효 흉 흑	

*참고 : '확인'란은 선생님, 학부모님께서 체크해 주시면 됩니다.

(1회)

값 가

더할/가할 가

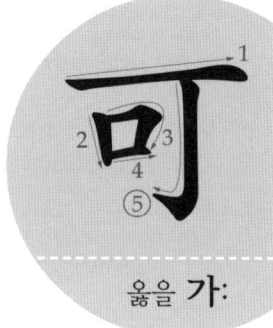
옳을 가:
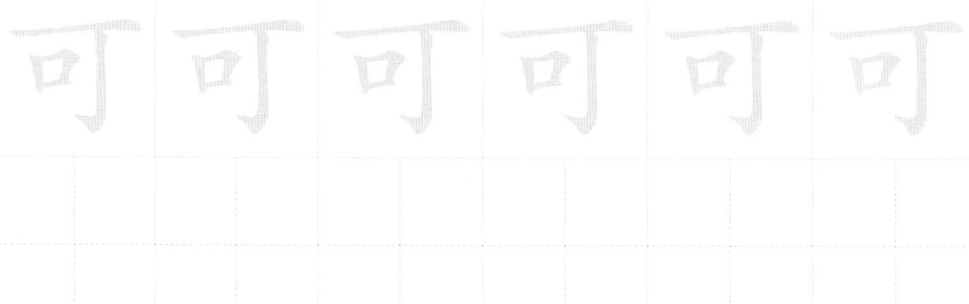

고칠 개(:)

손/나그네 객

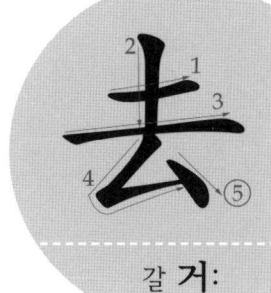
갈 거:

들 거:

굳셀 건:

물건/조건/사건 건:

세울 건:

격식 **격**

볼/뵈올 **견:/현:**

결단할/결정할 **결**

맺을 **결**

가벼울 **경**

(4회)

공경 경:

敬 敬 敬 敬 敬 敬

다툴 경:

競 競 競 競 競 競

볕/경치 경(:)

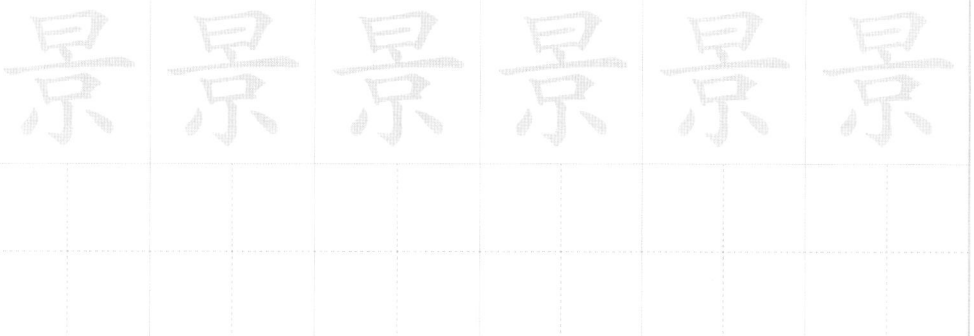

고할/알릴 고:

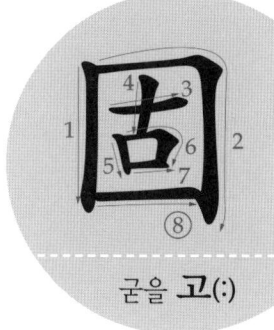
굳을 고(:)

固 固 固 固 固 固

(5회)

생각할/상고할 고(:)

굽을/가사 곡

공부할/과정/부과할 과

지날/경과/허물 과:

관계할/빗장 관

볼 관

넓을 광:

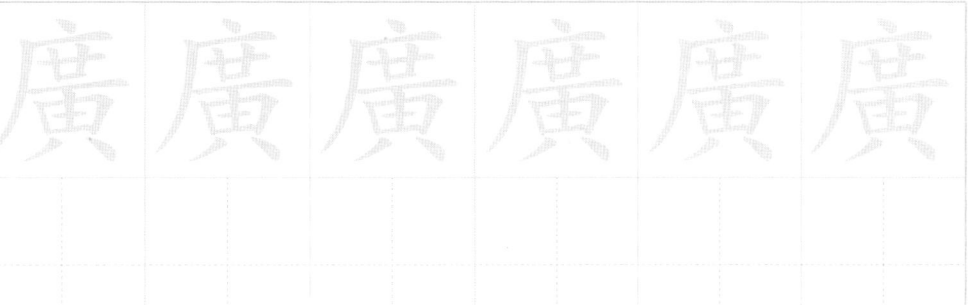

다리 교

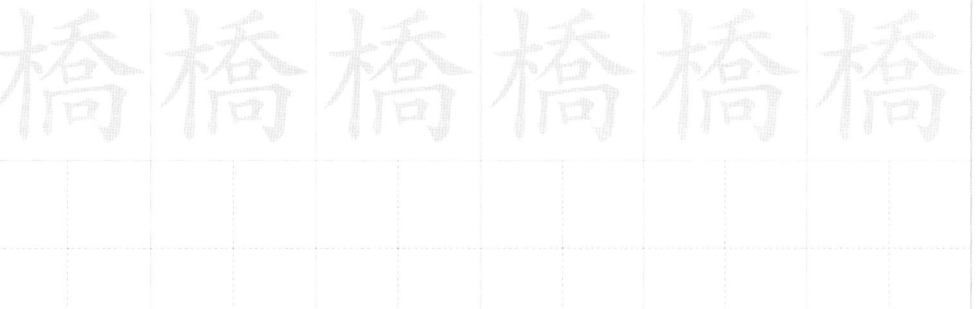

갖출 구(:)

구원할 구:

예/옛 구:

판(形局) 국

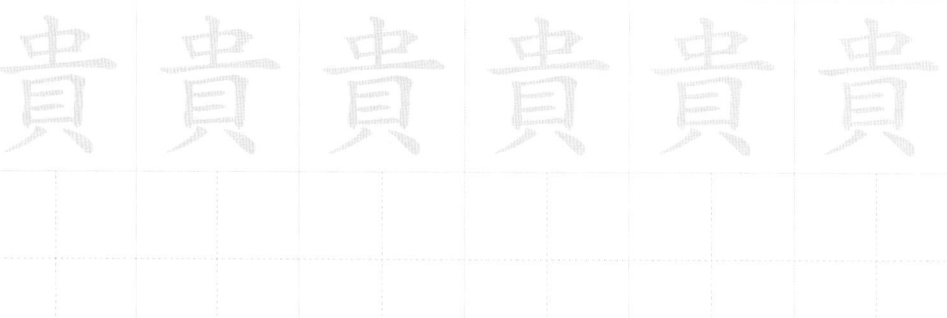
귀할 귀:

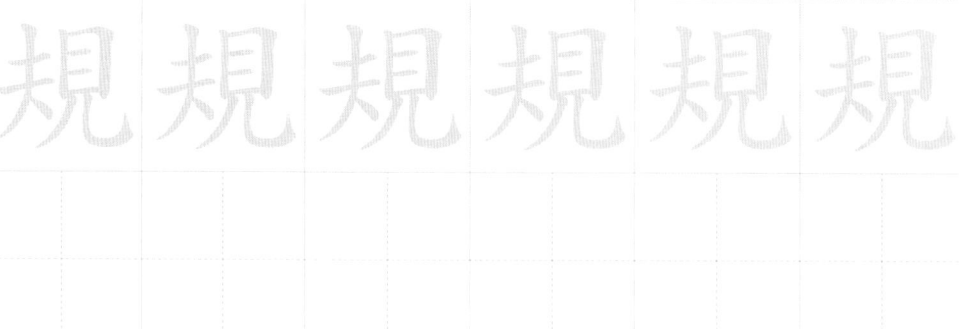
법 규

줄 급

물 끓는 김 기

기약할 기

몸/자기 기

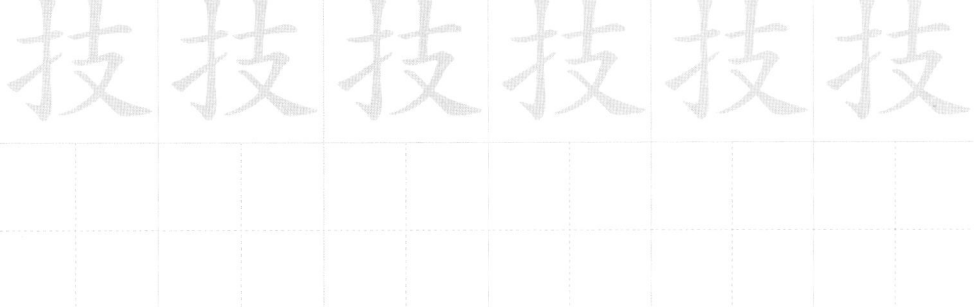
재주 기

터/기초/근본 기

길할 **길**

생각 **념(염):**

능할 **능**

단/제단(祭壇) **단**

둥글 **단**

(10회)

말씀 담

마땅 당

큰/덕 덕

도읍 도

섬 도

(11회)

이를 도:

홀로 독

떨어질 락(낙)

밝을 랑(낭):

찰 랭(냉):

(12회)

 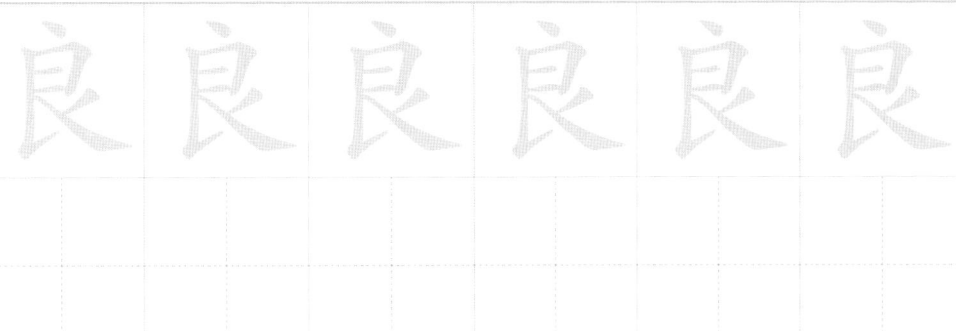

어질 량(양)

헤아릴 량(양)

나그네 려(여)

지날 력(역)

 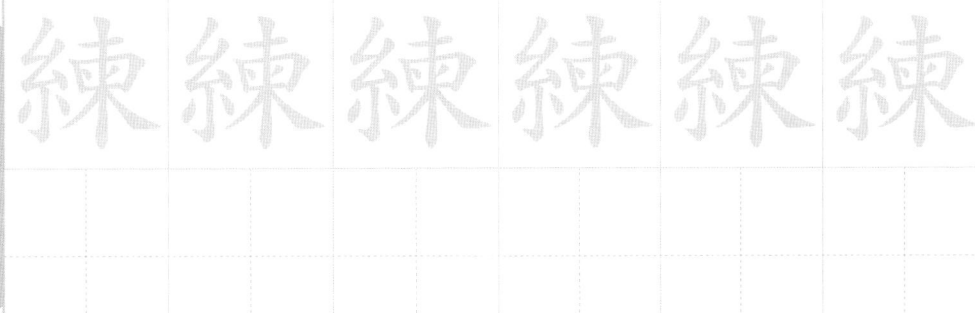

익힐 련(연):

거느릴 **령(영)**

하여금 **령(영)**(:)

일할 **로(노)**

헤아릴/재료 **료(요)**(:)

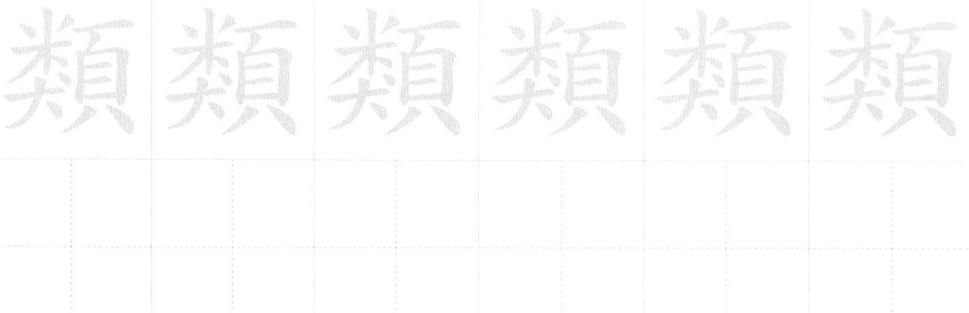
무리 **류(유)**(:)

(14회)

흐를 류(유)

流 流 流 流 流 流

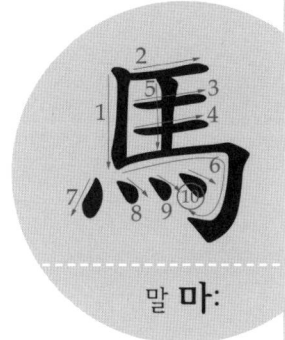
뭍/땅 륙(육)

陸 陸 陸 陸 陸 陸

말 마:

馬 馬 馬 馬 馬 馬

末 末 末 末 末 末
끝 말

망할 망

亡 亡 亡 亡 亡 亡

(15회)

바랄 망:

살 매:

팔 매(:)

없을(无) 무

곱 배(:)

(16회)

 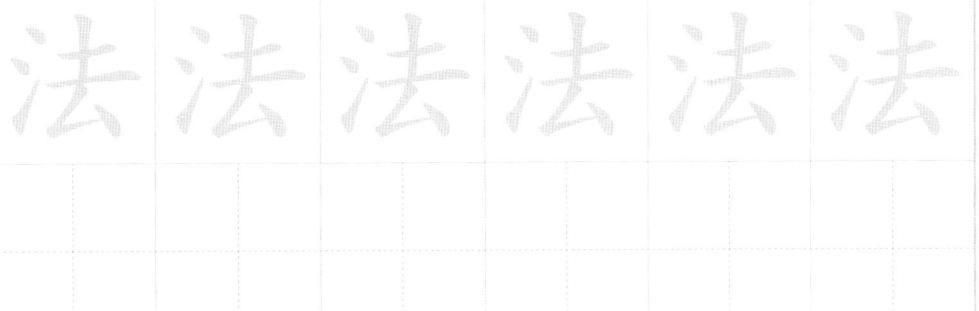
법 법

변할 변:

 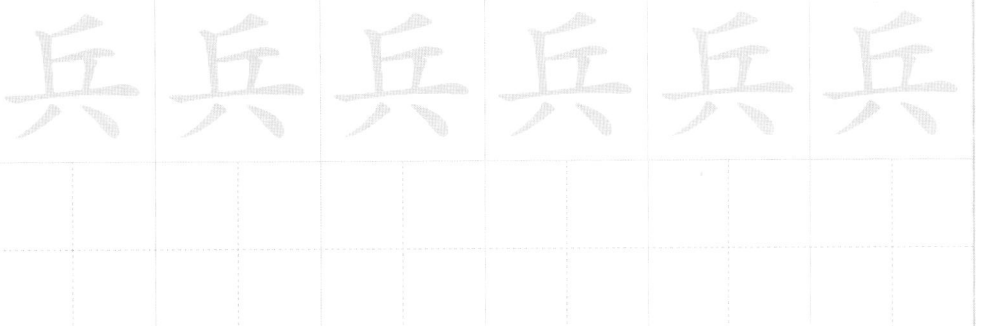
병사/군사 병

福
복 복

받들 봉:

(17회)

쓸 비:

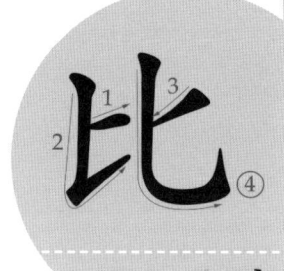
견줄/비교할 비:

코 비:

얼음 빙

베낄 사

(18회)

조사할 사

사기(史記)/역사 사:

생각 사(:)

선비 사:

섬길/벼슬 사(:)

낳을 산:

상줄 상

서로 상

장사 상

차례 서:

가릴 선:

고울/생선 선

배 선

신선 선

착할 선:

말씀/달랠 설/세

성품/성질 성:

씻을 세:

해 세:

묶을 속

머리 수

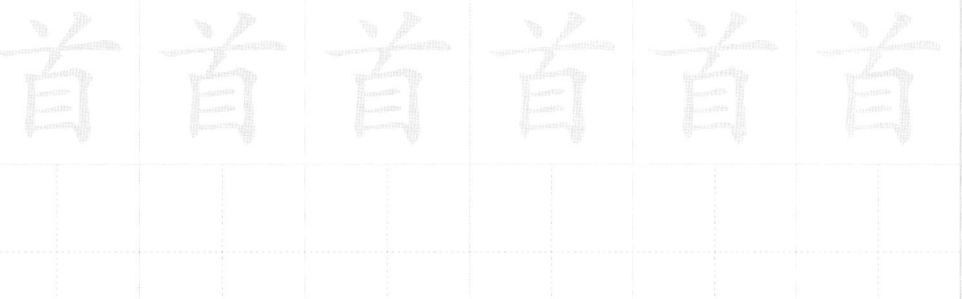

잘/별자리 숙/수:

순할 순:

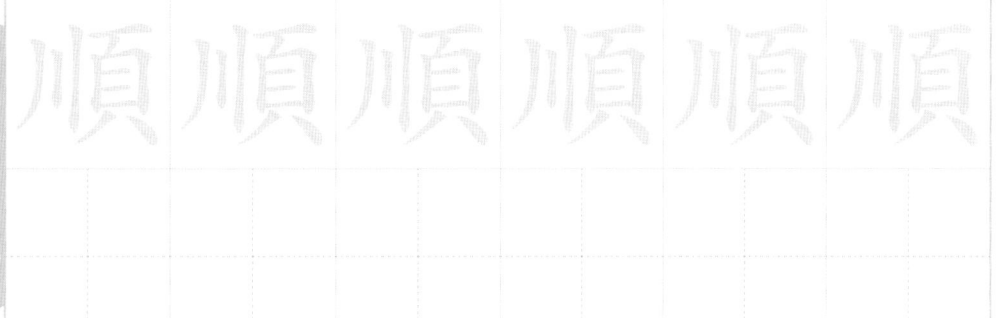

보일 시:

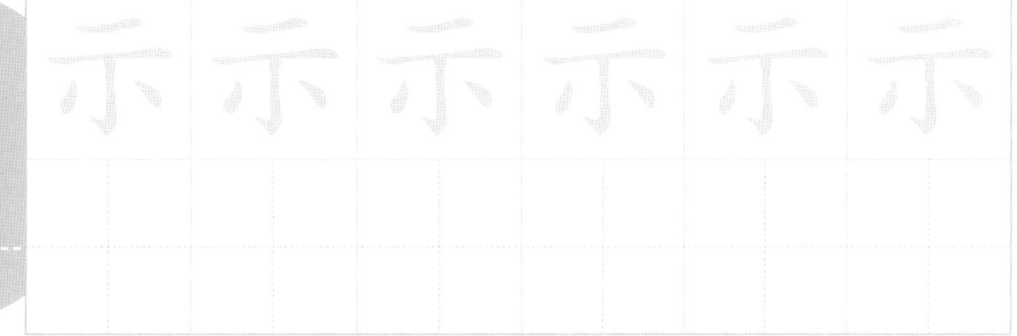

알/적을/기록할 식/지

신하 **신**

열매/참/실제 **실**

아이 **아**

악할/미워할 **악/오**

책상/생각/안건 **안:**

 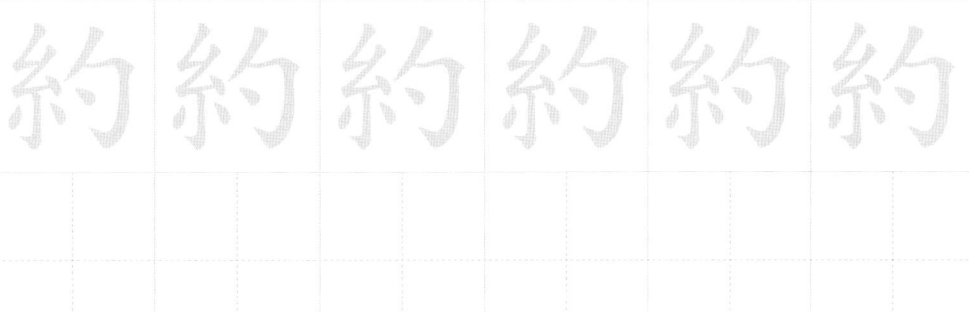

맺을/약속할 **약**

 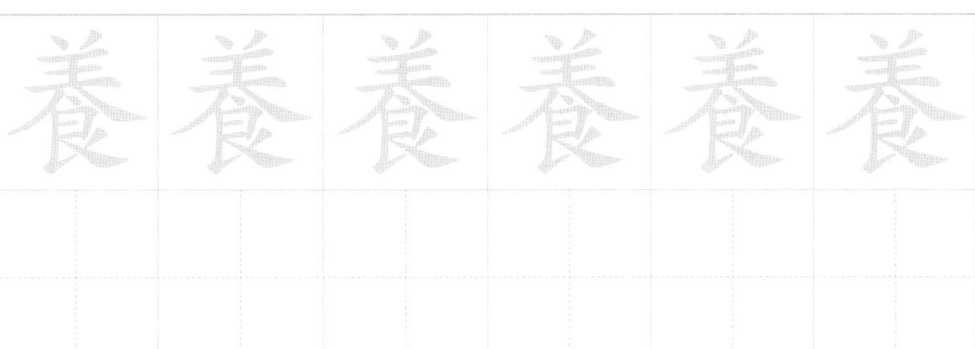

기를 **양:**

고기/물고기 **어**

 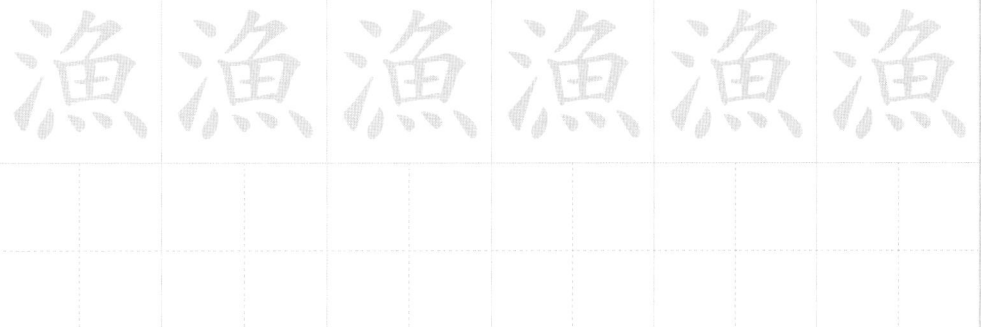

고기 잡을 **어**

억(數字) **억**

더울 **열**

잎 **엽**

집 **옥**

완전할 **완**

빛날 **요:**

(26회)

요긴할/중요할 요(:)

목욕할 욕

벗 우:

비 우:

소 우

(27회)

구름 운

수컷 웅

집 원

언덕/근원 원

원할 원:

(28회)

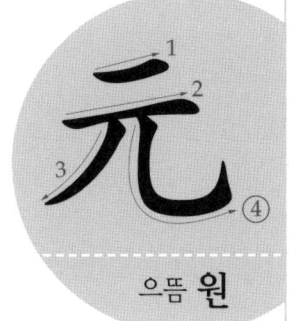

元 元 元 元 元 元

位 位 位 位 位 位

偉 偉 偉 偉 偉 偉

耳 耳 耳 耳 耳 耳

以 以 以 以 以 以

인할 **인**

맡길 **임**(:)

재앙 **재**

두/두 번/거듭 **재**:

재목 **재**

(30회)

재물 재

財 財 財 財 財 財

다툴 쟁

爭 爭 爭 爭 爭 爭

쌓을 저:

貯 貯 貯 貯 貯 貯

과녁/참/목표 적

的 的 的 的 的 的

붉을 적

赤 赤 赤 赤 赤 赤

법/책 전:

전할 전

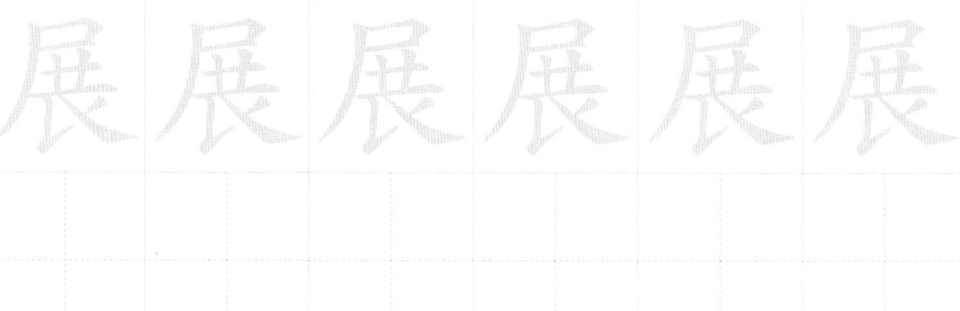
펼 전:

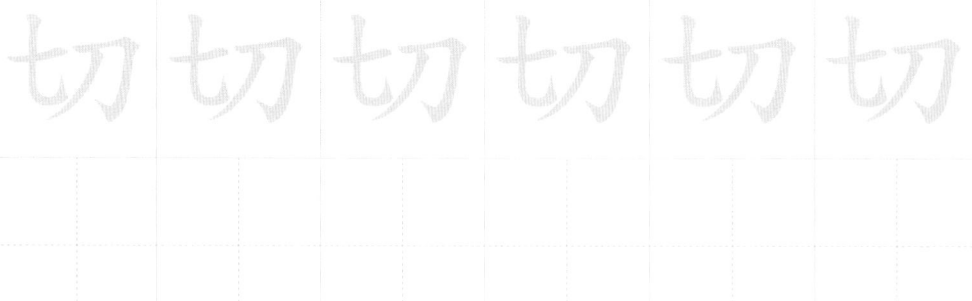
끊을/온통 절/체

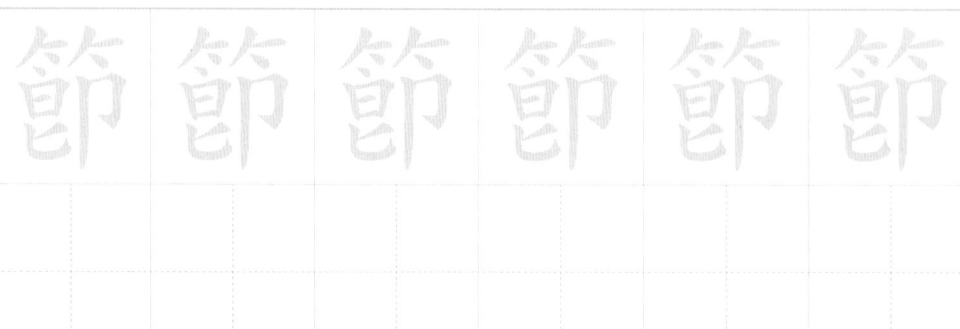
마디/예절/철 절

(32회)

가게 점:

뜻 정

머무를 정

잡을 조(:)

고를 조

마칠/끝낼/군사 **졸**

마칠 **종**

씨 **종**(:)

허물/죄 **죄**:

주일/돌 **주**

(34회)

고을 주

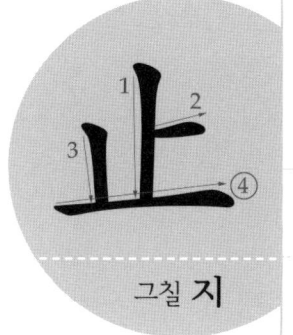
그칠 지

알 지

바탕/성질 질

붙을 착

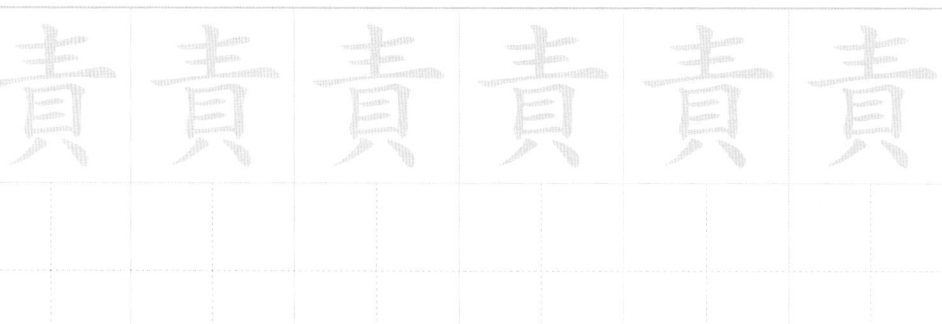

(36회)

(37회)

다를 타

칠 타:

높을 탁

숯 탄:

집/댁 택/댁

널 **판**

패할 **패**:

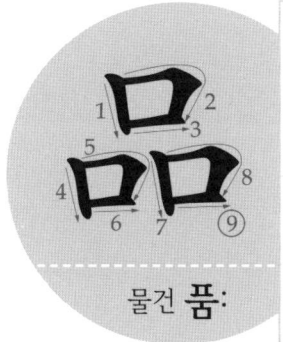
물건 **품**:

반드시 **필**

붓 **필**

물 하

찰 한

해할/방해할 해:

허락할 허

호수 호

(40회)

될 화(:)

 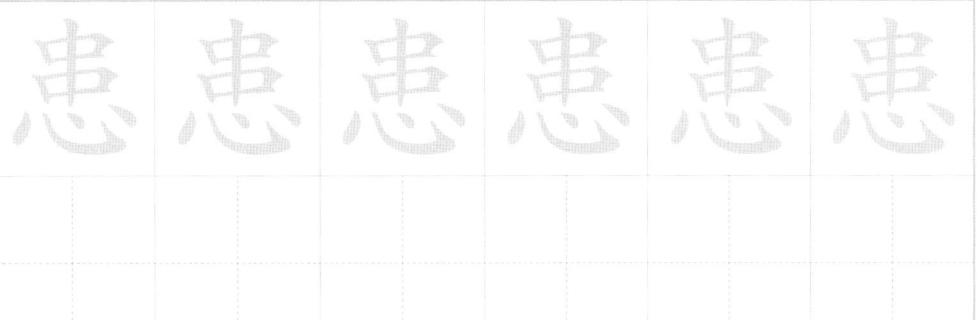
근심 환:

 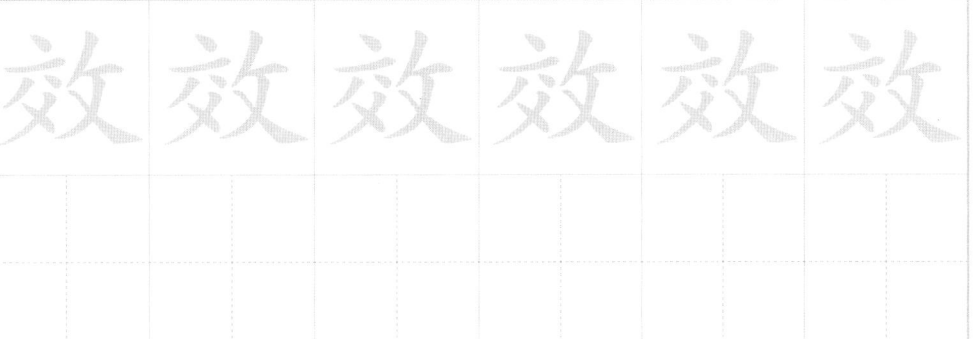
본받을 효:

흉할 흉

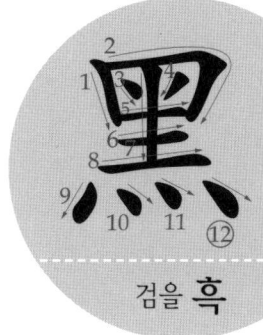
검을 흑

대한민국 대표한자
www.ihanja.com

급수한자 500자 따라쓰기(상권)

발 행 일	2022년 3월 1일 인쇄
	2022년 3월 1일 발행(개정판)
저 자	권용선
발 행 인	배영순
발 행 처	홍익교육
주 소	경기도 광명시 광명동 877번길 한진상가 B동 309호
전 화	(02)2060-4011
등록번호	2010-10호
이 메 일	ihanja@ihanja.com
정 가	6,500원

• 이 책의 어느 부분도 저작권자나 발행인의 승락없이 무단 복제하여 이용할 수 없습니다.
• 파본 및 낙장은 구입하신 서점에서 교환하여 드립니다